AF125065

# BEI GRIN MACHT SICH IHR
# WISSEN BEZAHLT

- Wir veröffentlichen Ihre Hausarbeit,
  Bachelor- und Masterarbeit

- Ihr eigenes eBook und Buch -
  weltweit in allen wichtigen Shops

- Verdienen Sie an jedem Verkauf

Jetzt bei www.GRIN.com hochladen
und kostenlos publizieren

**Bibliografische Information der Deutschen Nationalbibliothek:**

Die Deutsche Bibliothek verzeichnet diese Publikation in der Deutschen National-
bibliografie; detaillierte bibliografische Daten sind im Internet über http://dnb.d-
nb.de/ abrufbar.

**Impressum:**

Copyright © 2018 GRIN Verlag
Druck und Bindung: Books on Demand GmbH, Norderstedt Germany
ISBN: 9783668867802

**Dieses Buch bei GRIN:**

https://www.grin.com/document/452497

Pedro Versteegen

# Gesellschaftliche Megatrends der Globalisierung. Herausforderungen von Urbanisierung, Konnektivität und Co. für Arbeit und Privatleben

GRIN Verlag

**GRIN - Your knowledge has value**

Der GRIN Verlag publiziert seit 1998 wissenschaftliche Arbeiten von Studenten, Hochschullehrern und anderen Akademikern als eBook und gedrucktes Buch. Die Verlagswebsite www.grin.com ist die ideale Plattform zur Veröffentlichung von Hausarbeiten, Abschlussarbeiten, wissenschaftlichen Aufsätzen, Dissertationen und Fachbüchern.

**Besuchen Sie uns im Internet:**

http://www.grin.com/

http://www.facebook.com/grincom

http://www.twitter.com/grin_com

# WIRTSCHAFT UND

# GESELLSCHAFT –

# ALTERNATIVE B

Von: Pedro Versteegen

# Inhaltsverzeichnis

# Abkürzungsverzeichnis

| | |
|---|---|
| z.B. | zum Beispiel |
| etc. | et cetera |
| bzw. | beziehungsweise |
| EU | Europäische Union |
| usw. | und so weiter |
| ca. | circa |
| WLB | Work-Life-Balance |
| AG | Aktiengesellschaft |
| GmbH | Gesellschaft mit beschränkter Haftung |

# Abbildungsverzeichnis

# B1 - Gesellschaftliche Megatrends

Im ersten Teil der vorliegenden Einsendeaufgabe wird zunächst der Begriff Megatrend genauer definiert und ein grober Überblick über diese Thematik gewährt. Anschließend werden einige Megatrends genauer beleuchtet und anhand von praktischen Beispielen vorgestellt.

## Definition Megatrends

Als Megatrends werden Trends bezeichnet, die einen prägenden Einfluss auf Politik, Gesellschaft und Wirtschaft haben. Sie verursachen grundlegende und tiefgreifende Veränderungen, die sich langsam, aber über einen langen Zeitraum kontinuierlich entwickeln und so eine Basis bilden für viele andere Entwicklungen, die davon verursacht, begünstigt oder beeinflusst werden[1]. Megatrends lassen sich in die Bereiche Konsum, Technologie, Wirtschaft und Gesellschaft einteilen. Im Einzelnen sind aktuelle Megatrends[2]:

- Wissenskultur
- Urbanisierung
- Konnektivität
- Neo-Ökologie
- Globalisierung
- Individualisierung
- Gesundheit
- New Work
- Gender Shift
- Silver Society
- Mobilität
- Sicherheit

Betrachtet man genauer den gesellschaftlichen Aspekt von Megatrends, so beeinflussen sie Tiefenstruktur, Wertesystem, sowie Lebens- und Verhaltensweise der Individuen in einem sozialen System[3]. Wirtschaftlich kann das Ausnutzen von Megatrends einem Unternehmen enorme Vorteile und signifikante Alleinstellungsmerkmale auf dem Markt

---

[1] Vgl. Seiter (o.A.), S. 6-7
[2] Vgl. Zukunftsinstitut GmbH (o.A.)
[3] Vgl. Seiter (o.A.), S.6-7

ermöglichen, z.B. durch eine frühzeitige Ausrichtung der Unternehmensstrategie auf einen solchen Trend. Dazu muss dieser aber möglichst früh identifiziert und auf seine Nutzungsmöglichkeiten geprüft werden[4].Laut Seiter muss ein Trend vier Dimensionen erfüllen, um als Megatrend bezeichnet zu werden. Er muss mindestens 10-20 Jahre bestehen und große Veränderungen auf Verhaltensweisen, Wertesysteme usw. des Menschen zur Folge haben. Zudem muss eine gewisse Reichweite gegeben sein, sowohl thematisch, als auch geografisch. Des Weiteren muss seine Entstehung langsam vorangeschritten und resistent gegen Rückschläge gewesen sein.

| | Dimension 1 Zeit | Dimension 2 Wirkungsstärke | Dimension 3 Reichweite thematisch | geografisch | Dimension 4 Entstehung/ Entfaltung |
|---|---|---|---|---|---|
| Ausprägung | Mind. 10 – 20 Jahre | Große Veränderungen mit einem Einfluss auf Tiefenstruktur, Verhaltensweisen, Lebensweisen und Wertesystem in einer Gesellschaft. Regional oft verschieden stark ausgeprägt | Gesellschaft Wirtschaft Politik | Globaler Einfluss | Langsame Bildung und rückschlag- resistente Entfaltung |

Abbildung 1: Relevante Dimensionen und Ausprägungen bei der Definition von Megatrends[5]

**Neo-Ökologie**

Aufgrund der immer stärkeren Präsenz des Klimawandels und der beginnenden Rohstoffknappheit in vielen Bereichen, durch die große Menge an Kontakt-, sowie Informationsmöglichkeiten unserer Zeit, wird sich die Denkweise der Menschen vor allem im Bezug auf ihren Konsum und ihren ökologischen Fußabdruck in Zukunft deutlich verändern. Umweltschutz, Ressourcenschonung, Soziale Verantwortung etc. werden immer weiter in den Vordergrund rücken und den Markt grundlegend beeinflussen[6].

Signal dafür ist z.B. der Wunsch der Menschen nach mehr sozialer Verantwortung beim Kauf von Lebensmitteln. So stieg der Umsatz von Fairtrade-Produkten in den letzten 30

---

[4] Vgl. Seiter (o.A.), S. 5
[5] Vgl. Seiter (o.A.), S.6
[6] Vgl. Zukunftsinstitut GmbH (o.A.)

Jahren in Deutschland massiv. 1993 wurden noch gerade einmal 29 Millionen Euro mit fair gehandelten Produkten umgesetzt. Rund zehn Jahre später war es bereist die doppelte Menge und 2017 waren es mehr als 1,3 Milliarden Euro Umsatz in diesem Segment. Zu den wichtigsten Produkten dieser Kategorie zählen Bananen, (Rohr-)Zucker, Kaffee und Kakao[7].

Auch die Politik beschäftigt sich immer mehr mit Nachhaltigkeit und Klimaschutz. So möchte die EU das aufkommen von Plastikmüll in ihren Mitgliedsstaaten stark reduzieren. Dazu sollen Einwegkunststoffprodukte vom Markt genommen bzw. teurer gemacht und durch preislich erschwingliche Alternativen ersetzt werden.

Zudem sollen die Hersteller dieser Produkte für die Entsorgung von bestimmten Plastikabfällen aufkommen und Kampagnen zu umweltbewussteren Verhaltensweisen finanzieren. Des Weiteren will die EU ab dem Jahr 2025 mit verpflichtenden Recyclingqouten 90 Prozent aller Einweggetränkeverpackungen aus Plastik sammeln und wiederverwerten[8].

Grund für die weltweite Menge an Plastikmüll ist der ökonomische Vorteil, den Plastik bietet. Erdöl ist aktuell noch ein günstiger Rohstoff und lässt sich leichter und kostengünstiger verarbeiten, im Gegensatz zu den meisten nachhaltigen Rohstoffen, die aktuell auf dem Markt zu finden sind wie z.B. Bambus[9].

**Urbanisierung**

Weltweit leben mittlerweile mehr als 55 Prozent aller Menschen in Städten[10] und die Tendenz ist weiter steigend, bis 2050 sollen es bereits zwei Drittel sein, denn die dominante Lebensform der Zukunft ist urban. Städte generieren heute bereits 80 Prozent des weltweiten Bruttosozialprodukts, sind aber auch für 70 Prozent der globalen energiebezogenen Treibhausgasemissionen verantwortlich. Im Fokus der Politik stehen bei diesem Thema zwei große Herausforderungen. Zum einen das Ermöglichen einer nachhaltigen Lebensweise in den Städten und zum anderen die Bekämpfung der Armut in Zukunft, da bereits im Laufe der nächsten Generation jeder Dritte Defizite an Wohnungsbau, städtischen Dienstleistungen, Infrastrukturen und Rechtsstaatlichkeit zu

---

[7] Statista (2018a)
[8] Tagesspiegel (2018)
[9] Vgl. Jäger (2015)
[10] Vgl. Statista (2018b)

spüren bekommen wird. Somit ist an dieser Stelle Prävention und Innovation gefordert. Dazu müssen die Städte strukturiert wachsen und kompakt gehalten werden um z.b. durch exzellente öffentliche Verkehrssysteme, Emissionen und den Verbrauch von Ressourcen senken zu können [11]. Urbanisierung beschreibt also den Prozess, des enormen Bevölkerungszuwachses der Großstädte und des daraus resultierenden Anstiegs der Bevölkerungsdichte in den Stadtgebieten[12].

Eine Problematik, die schon jetzt für viele Menschen ein Problem darstellt, ist der Mangel an Wohnraum in und um die Großstädte.Im Juni 2018 fehlen auf dem deutschen Wohnungsmarkt bereits ca. eine Million Wohnungen. Hinzu kommt, dass inzwischen die Hälfte aller Privathaushalte in einem Einkommensbereich liegt, der zum Bezug einer Sozialwohnung berechtigt. Somit sollte man davon ausgehen, dass der Bestand an solchen Wohnungen steigend ist, dieser ist jedoch rückläufig und macht gegenwärtig gerade einmal 6 Prozent des gesamten deutschen Mietwohnungsbestandes aus[13].

Auslöser dieses Trends ist das Bedürfnis der Menschen nach einer guten Infrastruktur, schneller Verkehrsanbindung und ausreichend Arbeitsplätzen, diese aber in vielen Dörfern nicht mehr vorhanden sind [14]. Ein Grund dafür ist z.B. der Strukturwandel in der Landwirtschaft. Durch den technischen Fortschritt benötigen die landwirtschaftlichen Betriebe weniger Arbeitskräfte und können dennoch mehr Land bewirtschaften als in der Vergangenheit. Somit zieht es die Leute auf der Suche nach Arbeit in die Städte. Mit der dadurch begünstigten Abwanderung aus den Dörfern geht ein stetiger Abbau der Infrastruktur in diesen Gebieten einher, da aufgrund der geringen Bevölkerungsdichte kein ausreichender Bedarf für das Betreiben von Bus- und Bahnlinien, Supermärkte usw. vorhanden ist, bzw. keine ausreichenden Umsatzmöglichkeiten für die betreibenden Unternehmen gegeben sind. Durch diese Faktoren sinkt die Lebensqualität in den Dörfern immer weiter und immer mehr Menschen werden diese verlassen[15].

Laut Ökonomen hat die Urbanisierung aber nicht nur Nachteile, so sollen Städter produktiver sein als die Menschen auf dem Land, weil sie aus einer größeren Anzahl an Arbeitgebern wählen können und so eher dort arbeiten wo sie sich wirklich wohlfühlen.

---

[11] Vgl. Messner (2015), S. 36-39
[12] Vgl. business-on.de (2013)
[13] Vgl. Leipziger Volkszeitung (Juni 2018)
[14] Vgl. Kraus (2018), S. 8
[15] Vgl. ARD Mediathek (2017)

Umgekehrt haben die Arbeitgeber auch mehr Auswahl und können ihre Stellen optimal besetzen. Daraus resultiert eine größere Produktivität und als Folge dessen mehr wirtschaftliches Wachstum. Des Weiteren sind in städtischen Gebieten mehr Firmen auf engem Raum vertreten. Diese können so eher, voneinander lernen, adaptieren und kommunizieren. So sollen auch diese produktiver und innovativer sein[16].

## Konnektivität

Das Internet und das Smartphone stehen im Mittelpunkt dieses Megatrends, denn diese ermöglichen die Verbindung von Menschen weltweit und rund um die Uhr. Sie schaffen neue Kommunikationsstrukturen, gewähren Einblicke in Unternehmen und ermöglichen uns Zugriff zu einer fast unbegrenzten Menge an Informationen, die von Minute zu Minute wächst[17].

Das Smartphone steht für einen Multi-Milliarden-Markt. Alleine in Deutschland beläuft sich das vorläufige Marktvolumen im Jahr 2018, für die Endgeräte und die zugehörigen Dienstleistungen, auf rund 33,3 Milliarden Euro[18]. Seit 2009 hat sich die Zahl der Smartphone-Nutzer drastisch vervielfacht, von gerade einmal 6,3 Millionen, auf 57 Millionen Menschen[19]. Das Smartphone in Kombination mit dem Internet ist mittlerweile mehr als nur ein Kommunikationsmittel, es hat sich auch zur Schaltzentrale für viele andere Dinge in unserem Alltag entwickelt. Bezeichnet wird diese Konnektivität als „Internet of Things" (IoT). Es beschreibt die Fähigkeit von Gegenständen miteinander zu kommunizieren und Befehle entgegen zu nehmen, um Aufgaben mit oder ohne Einfluss von außen erledigen zu können. Ein Beispiel dafür, ist z.B. die Steuerung von Haushaltsgeräten aus der Ferne, hierbei erleben wir ein Verschwimmen von digitaler und physischer Welt[20].

Prägnant ist auch der Einfluss der Konnektivität auf die heutige Wirtschaft und Gesellschaft. Die Digitalisierung macht vor keiner Branche halt und lässt die Grenzen, die zuvor zwischen verschiedenen Wirtschaftszweigen bestanden zerfließen. Junge Unternehmen können schnell führende Positionen auf dem Markt einnehmen und Internetunternehmen wie Google oder Amazon bewegen sich plötzlich in verschiedensten

---

[16] Vgl. Welt (2015)
[17] Vgl. Zukunftsinstitut GmbH (o.A.)
[18] Vgl. Haas (2018), S. 1
[19] Vgl. Statista (2018c)
[20] Vgl. Litzel (2016)

Branchen. So gut wie jedes Produkt kann online gefunden und gekauft werden, dadurch können z.B. regionale Unternehmen die Produkte, die sie für ihre Produktion benötigen plötzlich weltweit gezielt erwerben.

Des Weiteren machen Soziale Netzwerke und Smartphones den Menschen 24 Stunden, sieben Tage die Woche und weltweit erreichbar. Zudem sind die aktuellsten Nachrichten jederzeit und kostenfrei abrufbar. Wer sich diesem Trend verschließt wird sich auf lange Sicht von der Gesellschaft isolieren. Auch auf dem Arbeitsmarkt werden die Chancen für solche Menschen immer weiter sinken, da die meisten Unternehmen den Umgang mit diesen Formen der Kommunikation voraussetzen bzw. ein Stück weit auch davon abhängig sind[21].

## B2 – Vereinbarkeit von Beruf und Privatleben

Der zweite Teil dieser Einsendeaufgabe beschäftigt sich mit der Vereinbarkeit von Beruf und Privatleben bzw. Work-Life-Balance. Dazu wird der Begriff zunächst definiert und dessen heutige Relevanz, im Zusammenhang mit dem gesellschaftlichen Wandel, näher erläutert. Abschließend werden Maßnahmen vorgestellt wie die Wirtschaft bzw. die Unternehmen diese Thematik behandeln und für sich nutzen können.

### Definition Work-Life-Balance

In der heutigen Zeit ist die Work-Life-Balance nicht nur für die Mitarbeiter eines Unternehmens ein wichtiges Thema, sondern auch für die Unternehmen selber. Für die Arbeitnehmer steht der Begriff WLB für Aspekte wie Selbstverwirklichung, Zeitmanagement und Familienfreundlichkeit bzw. für die Findung des individuellen Gleichgewichtes zwischen Arbeitszeit und Zeit für die Erfüllung der persönlichen Bedürfnisse. Auf Seiten der Arbeitgeber beschreibt die Schaffung von WLB eine Strategie zur Steigerung der Leistungsfähigkeit und Effizienz des Einzelnen, sowie der Mitarbeiterbindung und -gewinnung, um ein nachhaltiges Wachstum des Unternehmens zu gewährleisten[22]. Die heutige und zukünftige Relevanz der WLB in der Arbeitswelt ist zurückzuführen auf die gesellschaftlichen- und wirtschaftlichen Wandlungsprozesse in

---

[21] Vgl. Urban (2017)
[22] Vgl. Thiele (2009), S. 61

der Vergangenheit und Zukunft. Zu diesen gehören der Wertewandel der Y-Generation, der demographische Wandel, die neue Priorität der Familie und der Fachkräftemangel auf dem aktuellen, sowie zukünftigen Arbeitsmarkt.

## Gründe der Relevanz der WLB im Zusammenhang mit dem gesellschaftlichen Wandel

Der erste Grund ist der stetige Wertewandel in der damaligen und heutigen Gesellschaft. Früheren Generationen war die Trennung von Arbeit und Freizeit wichtig. Arbeit diente lediglich als Broterwerb und als Erfüllung der bürgerlichen Pflichten. Am Arbeitsplatz galt eine strikte Einhaltung der von den höher gestellten Funktionsträgern vorgegebenen Regeln und es herrschte Anwesenheitspflicht. Man legte Wert auf Loyalität gegenüber dem Arbeitgeber, ein hohes Dienstalter und schätzte Autoritäten. Karriere galt zur damaligen Zeit als Ausdruck von Macht und ging einher mit der Bereitschaft seine persönlichen Bedürfnisse in den Hintergrund zu stellen. Die heutige Generation möchte hingegen selbstbestimmt und frei von Fremdsteuerung arbeiten. Im Vordergrund steht die eigene Individualität und die Erfüllung der persönlichen Bedürfnisse. Zudem findet durch die heutigen Kommunikationsmöglichkeiten ein verwischen der Grenzen von Arbeit und Freizeit statt. Arbeiten dient nicht mehr der Erfüllung einer Pflicht, sondern dem Streben nach einem Sinn bzw. einer Daseinsberechtigung in der heutigen Gesellschaft. Bestehende Hierarchien verlieren an Bedeutung und werden hinterfragt. Führungskräfte müssen sich durch ihre Authentizität beweisen und offen mit ihren Mitarbeitern kommunizieren[23].

Ein weiterer Grund ist der demographische Wandel. Er beschreibt die Veränderung unserer Bevölkerungsgröße und -struktur, die beeinflusst werden von Geburts-, Sterblichkeits- und Wanderungsrate, sowie der Lebenserwartung. Daraus geht hervor, dass die Zusammensetzung der Gesellschaft und deren Entwicklung nur langfristig beeinflusst werden kann. Die aktuell sich abzeichnende Problematik ist die Alterung der Gesellschaft. Durch die permanente Verbesserung der Lebensbedingungen und der medizinischen Versorgung steigt die Lebenserwartung der Menschen stetig an, aber laut einer Bevölkerungsvorausberechnung aus dem Jahr 2009 übersteigt künftig die Sterblichkeitsrate, die Geburtenrate. Im Jahr 2060 sollen nach dieser Berechnung nur noch 65 Millionen Menschen in Deutschland leben, von denen jeder siebte über 80 Jahre

---

[23] Vgl. Purgal (2015), S. 25-29

oder älter sein wird[24]. Gehen wir anhand der untenstehenden Abbildung davon aus, dass die hauptsächlich erwerbstätige Altersgruppe, die von 20 bis 64 ist, so stellt diese im Jahr 2060 nur noch etwas mehr als die Hälfte der gesamten Bevölkerung. Zudem steigt der Anteil der Gruppen über 65 Jahren von 20 Prozent auf fast 30 Prozent, während die Gruppe der unter 20-jährigen sogar rückläufig ist[25].

Dass bedeutet, dass es in Zukunft immer mehr erwerbsunfähige Menschen geben wird, aufgrund des steigenden Altersdurchschnitts in der Gesellschaft, deren ausbleiben aber nicht durch die nachkommenden Generationen kompensiert werden kann[26].

**Bevölkerung nach Altersgruppen**
in %

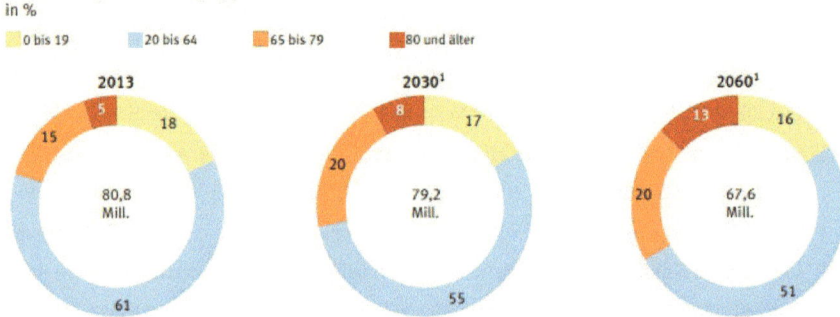

Abbildung 2: Bevölkerung nach Altersgruppen im Vergleich[27]

Der Rückgang der Bevölkerung und die steigenden geistigen Anforderungen an die Arbeitnehmer aufgrund der Erschließung neuer Technologien und Medien[28], begünstigen das Ausbleiben von Fachkräften auf dem Arbeitsmarkt. Hinzu kommt die durch die hohen Anforderungen sinkende oder fast ganz ausbleibende Nachfrage nach unqualifizierten Arbeitskräften. Im Jahr 2020 sollen bereits ein Mangel von zwei Millionen Fachkräften bestehen, die einen Hochschulabschluss oder abgeschlossene Berufsausbildung vorweisen können. Dies hat Produktionsengpässe in den Unternehmen zur Folge, sowie einen hohen Anstieg der laufenden Kosten, aufgrund der Notwendigkeit Produktionsgüter Zukaufen zu müssen und Dienstleistungen auszulagern, um wettbewerbsfähig zu bleiben.

---

[24] Vgl. Bollessen (2016), S. 4-13
[25] Vgl. Statistisches Bundesamt (2015), S. 19
[26] Vgl. Bollessen (2016), S. 4-13
[27] Vgl. Statistisches Bundesamt (2015), S. 19
[28] Vgl. Thiele (2009), S. 61

Zudem müssen die Unternehmen deutlich stärker um die vorhandenen Fachkräfte konkurrieren[29]. Das bedeutet, dass der Fokus der Unternehmen in Zukunft zu großen Teilen auf die Bindung der bereits angestellten Mitarbeiter gelegt werden muss[30].

Ebenfalls ein Grund ist die neue Priorität der Familie, da in Zukunft in den meisten Familien nicht nur die Kinder zu betreuen sind[31], sondern durch den steigenden Altersschnitt auch mehr Menschen pflegebedürftig sein werden. Da diese Aufgaben oft im familiären Kontext übernommen werden, können die betroffenen Personen gar nicht arbeiten oder nur sind nur teilzeitbeschäftigt. Durch WLB-Maßnahmen kann diese Personengruppe optimal ins Berufsleben integrieren bzw. einen vollständigen Ausstieg aus dem Beruf vermeiden. Auf diesem Wege wäre es möglich die Erwerbsquote zu steigern oder zumindest konstant zu halten[32].

**Maßnahmen der Unternehmen zur Umsetzung der WLB**

In Zukunft werden aufgrund des Fachkräftemangels, qualifizierte Mitarbeiter zu den wertvollsten und begehrtesten Ressourcen gehören, da sie durch ihre Art und Weise der Arbeitsumsetzung, den Erfolg und die Organisation eines Unternehmens maßgeblich prägen und als Erfolgsfaktor Nummer Eins zu betrachten sind[33]. Somit müssen die Unternehmen sich nicht nur auf die Bindung und Weiterbildung ihrer vorhandenen Mitarbeiter konzentrieren, sondern sich auch als attraktiver Arbeitgeber auf dem Markt präsentieren, um auf lange Sicht konkurrenzfähig zu bleiben[34].

Ziel ist es den qualifizierten Mitarbeitern die Möglichkeit zu geben so zu arbeiten, dass sie stets effizient und leistungsstark agieren können. Eine Maßnahme um dies zu ermöglichen ist eine lebensphasenorientiere Arbeitskultur. Es geht dabei um eine partnerschaftliche Kommunikation des Arbeitgebers und Arbeitnehmers auf einer ausgeglichenen Ebene, die es dem Arbeitnehmer ermöglicht seine Arbeitssituation verschiedenen Lebensphasen anzupassen. Dabei werden sowohl die strategischen Ziele des Unternehmens berücksichtigt, als auch die persönlichen Bedürfnisse des einzelnen Mitarbeiters. Des Weiteren fühlen sich die Mitarbeiter bei einem solchen Ansatz

---

[29] Vgl. Bollessen (2016), S. 14-17
[30] Vgl. Bollessen (2016), S. 1
[31] Vgl. Thiele (2009), S. 62
[32] Vgl. McKinsey (2011), S. 26
[33] Vgl. Thiele (2009), S. 61
[34] Vgl. Bollesen (2016), S.1

akzeptiert und unterstützt. Dadurch können sie sich eher mit dem Unternehmen identifizieren und sind motivierter, leistungsbereiter und zufriedener, weil sie sich in gewisser Weise für die erbrachte Unterstützung „revanchieren" möchten[35]

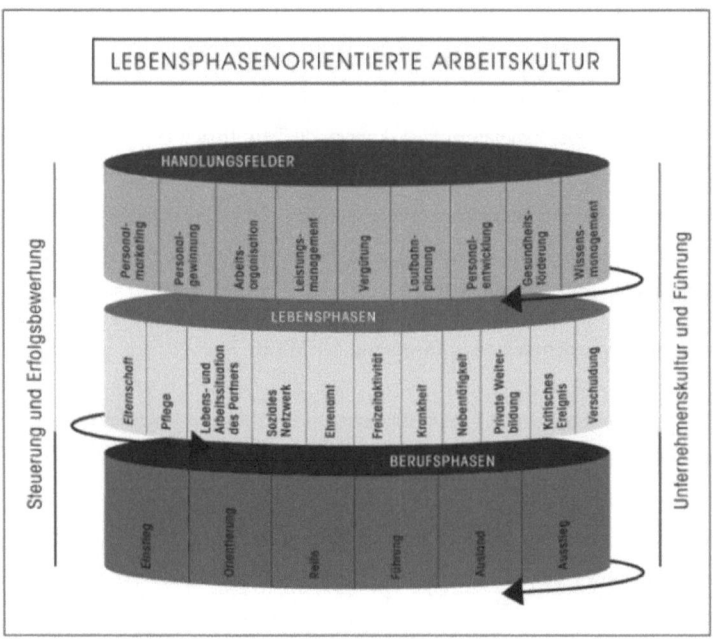

Abbildung 3:Lebensphasenorientierte Arbeitskultur[36]

Ein gutes Beispiel dafür ist z.b. das Ausschreiben von internen Stellenangeboten, so wird Mitarbeitern, die sich umorientieren möchten ,weil sie möglicherweise mit ihrer derzeitigen Tätigkeit nicht mehr zufrieden sind, eine Möglichkeit gegeben im Unternehmen zu bleiben und die gewünschte Veränderung zu erfahren. So bleibt der Mitarbeiter dem Unternehmen erhalten und es fallen geringere Rekrutierungs-, Einarbeitungs- und Fluktuationskosten an[37].

Eine weitere Möglichkeit ist der Einsatz von flexiblen Arbeitszeitmodellen. Diese bieten dem Arbeitnehmer z.B. die Möglichkeit mehr Zeit mit der Familie zu verbringen bzw. familiären Pflichten nachzukommen oder dann zu arbeiten, wenn er am Leistungsfähigsten ist. Verwendung in der Praxis finden dabei meistens zwei Modelle.

[35] Vgl. Maehrlein (2015), S.116-125
[36] Vgl. Maehrlein (2015), S. 120
[37] Vgl. Maehrlein (2015), S. 116-125

Modell Eins basiert auf Vertrauen, dabei kommt es nicht auf die investierte Zeit in ein Projekt oder eine Tätigkeit an, sondern auf das Endprodukt und das zufriedenstellende Absolvieren der gestellten Aufgaben. Modell Zwei hingegen ermöglicht eine flexible Gestaltung der Arbeitszeit. In einem bestimmten Zeitfenster können die Mitarbeiter kommen und gehen. Es ist egal wann sie kommen, die Hauptsache ist, dass sie am Ende der Woche oder des Monats auf die vorgegebene Stundenzahl kommen.

Interessant ,vor allem für Eltern, sind Unternehmen die Betreuungsangebote für ihre Kinder anbieten. Ein Beispiel aus der Praxis dafür ist die Kinderkrippe „Fluggi-Land" der Fraport AG. Diese bietet ihren Mitarbeitern am Frankfurter Flughafen eine Betreuung der Kinder an 365 Tagen im Jahr, angepasst an die Arbeitszeiten, von 6 bis 22 Uhr[38].

Ein weiteres Stichwort ist das Anbieten von Gesundheits- und Präventionsmaßnahmen zur Erhaltung der Erwerbsfähigkeit, z.b. von älteren Mitarbeiter, damit diese dem Unternehmen möglichst lange erhalten bleiben. Mit diesen lassen sich Fehltage und Arbeitsunfälle reduzieren bzw. sogar vermeiden[39].

Abschließend lässt sich feststellen, dass eine arbeitnehmer- und familienfreundliche Arbeitswelt bzw. Unternehmenskultur, eine Gewinnsituation für Staat, Familien und Unternehmen schafft. Die Familien werden entlastet und mehr Menschen können Arbeiten, dadurch erhält der Staat mehr Steuern und Sozialabgaben. Zudem erhalten die Unternehmen Wettbewerbsvorteile durch motivierte, loyale Mitarbeiter und sparen Kosten durch eine geringere Fluktuation, sowie einen geringeren Rekrutierungsbedarf[40].

---

[38] Vgl. McKinsey (2011), S. 27
[39] Vgl. Bollessen (2016), S. 1
[40] Vgl. Rolle (2013), S. 25

## B3 – Arbeitsbedingungen und Globalisierung

Im letzten Part dieser Einsendeaufgabe wird der Einfluss der Globalisierung auf die Arbeitsbedingungen der Menschen genauer untersucht. Dazu wird der Globalisierungsbegriff zunächst näher erläutert und dessen Auswirkungen auf die Wirtschaft bzw. den Arbeitsmarkt in Industrie-, Schwellen- und Entwicklungsländer vorgestellt.

### Vorstellung des Globalisierungsprozesses

Die Globalisierung beschreibt den Prozess der weltweiten Verflechtung in Wirtschaft, Politik, Kultur und Umwelt, dessen Beginn in der Mitte des 19. Jahrhunderts anzusetzen ist. Zu dieser Zeit begannen einige Staaten mit der Bildung von Netzwerken zur gegenseitigen Unterstützung in Form von Handelsgeschäften und militärischen Allianzen. Heute geht die Globalisierung weit über die Verflechtung des Marktes hinaus und betrifft den Menschen in so gut wie jedem Lebensbereich, da vor allem der technische Fortschritt einen ständigen Informations- und Warenaustausch über die ganze Welt ermöglicht. Zudem ist nicht mehr nur die Wirtschaft betroffen, sondern auch Kultur und Politik, weil z.B. Probleme wie Umweltschutz oder Terrorismus nicht mehr nur auf nationaler Ebene behandelt werden können[41]. Die Unternehmen können aufgrund dieser Entwicklung Produkte und Ressourcen weltweit kaufen und verkaufen, sowie Kosten einsparen, durch die Verlagerung von Produktionsstätten oder Unternehmensbereichen ins Ausland. Daraus resultiert ein höherer Wettbewerbs- und Preisdruck, der kleinen Unternehmen, die Chance nimmt sich zu etablieren. Für die Konsumenten hingegen ergibt sich daraus die Möglichkeit auf dem globalen Markt einzukaufen, der ein immer größere werdendes Angebot an Waren und Dienstleistungen bietet. Zudem besteht die Möglichkeit die Preise verschiedener Anbieter zu vergleichen[42].

---

[41] Vgl. globalisierung-fakten.de (o.A.)
[42] Vgl. Wirtschaft und Schule (o.A.)

**Was bedeutet die Globalisierung für die Arbeitsbedingungen der Menschen ?**

Aufgrund des Wettbewerbs- und Preisdrucks in der Wirtschaft sind die Unternehmen gezwungen immer weiter Kosten einzusparen, um ihre Rentabilität beizubehalten. Dies hat zur Folge , das Unternehmen ihre Produktionsstätten ins Ausland verlegen. Dabei fällt die Wahl meist auf Länder in denen möglichst geringe Kosten und Auflagen für den Einsatz von Arbeitskraft notwendig sind. Diese Entwicklung führt dazu, dass die Arbeitnehmer in den Industriestaaten ein zunehmendes Gefühl der Unsicherheit und Besorgnis haben, da sie ständig befürchten müssen durch günstigere Arbeitskräfte ersetzt zu werden. Ein Beispiel dafür bietet der Mobilfunkhersteller Nokia im Jahr 2008. Dieser schloss sein Werk in Bochum (Deutschland) und verlagerte die Produktion nach Cluj (Rumänien) und strich damit 2.300 Stellen[43]. Einer der möglichen Gründe für die Schließung des Werks in Bochum, liefert der Blick auf den Vergleich der Arbeitskosten je geleisteter Stunde in der EU (Abbildung 4). In Deutschland kostet eine Arbeitsstunde in der Privatwirtschaft 34,60€. In Rumänien kostet eine Stunde hingegen gerade einmal 6,10 €, also fast Sechs mal weniger als am vorherigen Standort[44]. Zwar ist die Produktivität in den „günstigeren" Ländern geringer als in Deutschland, aber das einbringen von internationalem Know-how und Kapital schafft eine Produktivität von etwa 60 Prozent im Vergleich zum Deutschen Standort. Dennoch winken aufgrund der geringen Löhne, deutlich höhere Profite, als es vorher der Fall war. Einzige Möglichkeit diese Abwanderung zu verhindern, wäre eine Senkung der Löhne im deutschen Raum, dies ist aber aufgrund von institutionellen Gründen wie z.B. dem gesetzlichen Mindestlohn nicht möglich[45].

---

[43] Vgl. Huwart (2014), S. 98
[44] Vgl. Albu (2018), S. 4
[45] Vgl. Seidel (2004), S. 24

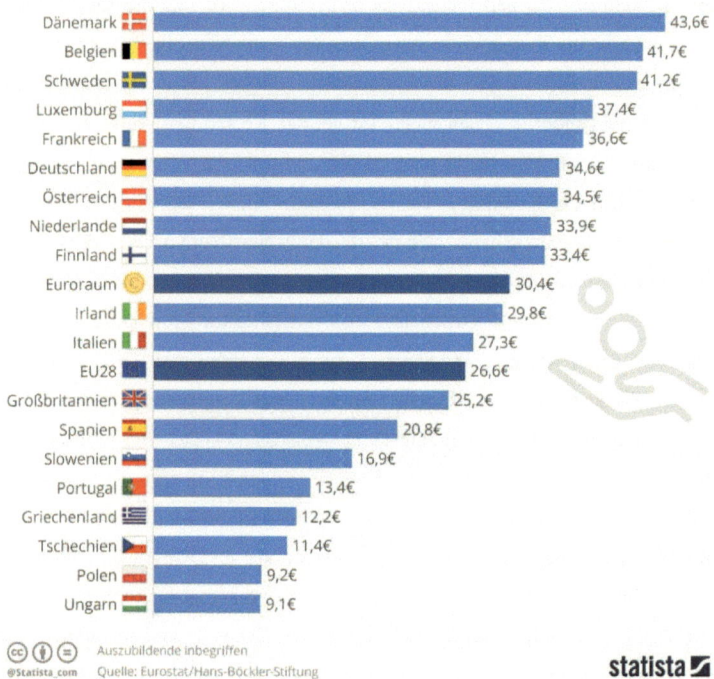

**Was die Arbeit in der EU kostet**

Arbeitskosten je geleistete Arbeitsstunde in der Privatwirtschaft 2017

|  |   |
|------|-----|
| Dänemark | 43,6€ |
| Belgien | 41,7€ |
| Schweden | 41,2€ |
| Luxemburg | 37,4€ |
| Frankreich | 36,6€ |
| Deutschland | 34,6€ |
| Österreich | 34,5€ |
| Niederlande | 33,9€ |
| Finnland | 33,4€ |
| Euroraum | 30,4€ |
| Irland | 29,8€ |
| Italien | 27,3€ |
| EU28 | 26,6€ |
| Großbritannien | 25,2€ |
| Spanien | 20,8€ |
| Slowenien | 16,9€ |
| Portugal | 13,4€ |
| Griechenland | 12,2€ |
| Tschechien | 11,4€ |
| Polen | 9,2€ |
| Ungarn | 9,1€ |

Auszubildende inbegriffen
@Statista.com   Quelle: Eurostat/Hans-Böckler-Stiftung

**statista**

Abbildung 4: Was die Arbeit in der EU kostet[46]

Die Angst um ihren Arbeitsplatz betrifft aber nicht nur die einfachen Arbeiter, sondern auch die Führungsetagen bzw. -kräfte der international agierenden Unternehmen. Denn diese müssen sich auf dem neu entstandenen internationalen Arbeitsmarkt durchsetzen. Dieser erfordert ständige Weiterbildung, aufgrund der Abnahme der Halbwertszeit des Wissens, das beherrschen mehrerer Sprachen, sowie eine anhaltende Motivation, Flexibilität und Innovationsfähigkeit. Dies führt zu einem regerechten Wissensmachtkampf, der psychische und private Probleme aufgrund einer nicht ausreichenden Work-Life-Balance zur Folge haben kann[47]. Eine Umfrage aus dem Jahr 2007 zeigt, dass die Menschen hauptsächlich negative Dinge mit der Globalisierung verbinden. Dabei sind die drei meist genannten Konnotationen Ausbeutung,

---

[46] Vgl. Statista (2018d)
[47] Vgl. Thiele (2009), S. 24

Benachteiligung der Entwicklungsländer und Arm-Reich-Gefälle. Also denken sie weniger an die Nachteile auf dem lokalen Arbeitsmarkt, sondern eher an die Arbeiter in den Schwellenländern[48].

## Was fällt Ihnen zum Thema Globalisierung ein?

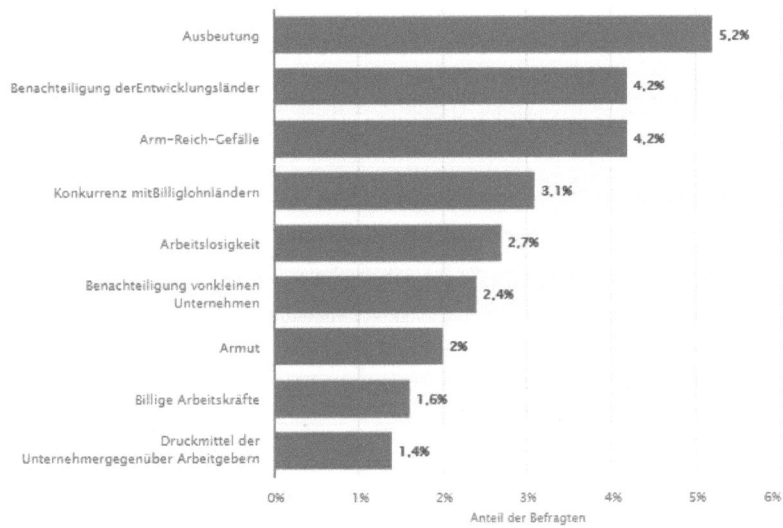

Abbildung 5: Was fällt Ihnen zum Thema Globalisierung ein ?[49]

Diese Themen sind tatsächlich problematisch im Rahmen des Outsourcings von Arbeitsplätzen in andere Länder bzw. Schwellenländer. Denn die Arbeitsbedingungen der Arbeiter vor Ort sind oft abhängig vom Willen der großen Markenkonzerne soziale Verantwortung an diesen Standorten zu übernehmen. Meist arbeiten die Menschen mit langen Arbeitszeiten und werden nur mit Niedriglöhnen bezahlt[50]. Des Weiteren werden häufig der Gesundheitsschutz und die Sicherheit am Arbeitsplatz vernachlässigt. Die Mitarbeiter werden nicht vernünftig geschult oder informiert und bekommen keine Schutzkleidung zur Verfügung gestellt. Oft stellen auch die Gebäude in denen gearbeitet wird ein Sicherheitsrisiko für die Menschen da, die in diesen arbeiten. So stürzte im Jahr 2013 in Bangladesch neunstöckiges Gebäude ein, weil mehrere Geschosse ohne

---

[48] Vgl. Statista (2018e)
[49] Vgl. Statista (2018e)
[50] Vgl. Huwart (2014), S. 109

Genehmigung errichtet worden waren und dabei minderwertige Baustoffe verwendet wurde. Mehr als 1.000 Menschen starben und mehr als 2.000 wurden verletzt[51]. Zudem werden Kinderarbeit und moderne Sklaverei in diesen Ländern häufig toleriert, weil die Armut so groß ist und die Arbeiter bereit sind jedes Opfer zu bringen, um ihre Familien zu ernähren. Zudem verfügen viele dieser Länder nicht über die nötige administrative und rechtliche Struktur um dagegen vorzugehen. Allerdings ist das Outsourcing nicht immer negativ für die Schwellenländer . Einige Unternehmen importieren die guten Qualitätsstandards und Verfahrensweisen aus ihren Herkunftsländern und schließen Partnerschaften mit nationalen Unternehmen. Diese lernen von den multinationalen Partnern und adaptieren deren Prozesse. Zudem zahlen die internationalen Unternehmen angemessene Löhne, die meistens höher sind als die vor Ort und steigern somit auch den Lohn der nationalen Konkurrenz, da diese nachziehen muss, um die eignen Mitarbeiter zu halten. Dies ist nicht nur gut für die Arbeitnehmer, sondern auch für die Wirtschaft dieser Länder, da auch mehr Geld in Umlauf kommt und mehr Steuern gezahlt werden.[52].

---

[51] Vgl. bmz.de (o.A.)
[52] Vgl. Huwart (2014), S. 109

# Literaturverzeichnis

**Albu, N./Herzog-Stein, A./Stein, U./Zwiener, R.**: Arbeits- und Lohnstückkosten-Entwicklung 2017 im Europäischen Vergleich, Berlin, 2018

**Bollessen, D.**: Der fortschreitende Fachkräftemangel infolge des demographischen Wandels, Hamburg, 2016

**Haas, M.**: Smartphone-Markt: Konjunktur und Trends, Berlin, 2018

**Huwart, J./Verdier, L.**: Die Globalisierung der Wirtschaft, 2014

**Jäger, F.**: Materialien von Morgen, 2015

**Kraus, C.**: Wohnraumstudie 2018 - So möchten die Deutschen leben, München, 2018

**Litzel, N.**: Was ist das Internet of Things ?, 2016

**Maehrlein, K.**: Soul@Work, Offenbach, 2015

**McKinsey Deutschland:** Wettbewerbsfaktor Fachkräfte, Berlin, 2011

**Messner, D./Brandi, C.**: Urbanisierung, 2015

**Purgal, P.**: Wertewandel der Y- Generation, Hamburg, 2015

**Rolle, S.**: Work-Life-Balance als Zukunftsaufgabe, Hamburg, 2013

**Seidel, T.**: Globalisierung und Arbeitsmärkte: Welche Auswirkungen haben Standortverlagerungen für Deutschland ?, Dresden, 2004

**Seiter, C./Ochs, S.**: Megatrends verstehen und systematisch analysieren-Ein Framework zur Identifikation von Wachstumsmärkten, o.A.

**Statistisches Bundesamt:** Bevölkerung Deutschlands bis 2060 - 13. koordinierte Bevölkerungsvorausberechnung, Wiesbaden, 2015

**Thiele, S.:** Work-Life-Balance zur Mitarbeiterbindung, Hamburg, 2009

**Urban, J.:** Was ist ein Trend ?, 2017

**Wirtschaft und Schule:** Auswirkungen der Globalisierung, o.A.

# Internetquellenverzeichnis

**ARD Mediathek (2017),**

https://www.ardmediathek.de/tv/Planet-Wissen/Landflucht-warum-unsere-D%C3%B6rfer-sterben/ SWR-Fernsehen/Video?bcastId=25233996&documentId=39617694
(Stand: 10.08.2018)

**bmz.de(o.A.),**

https://www.bmz.de/de/themen/textilwirtschaft/hintergrund/index.html
(Stand: 20.08.2018)

**business-on.de (2013),**

http://www.business-on.de/urbanisierung-definition-urbanisierung-_id40890.html
(Stand: 12.08.2018)

**globalisierung-fakten.de (o.A.),**

https://www.globalisierung-fakten.de/globalisierung-informationen/definition/
(Stand: 20.08.2018)

**Leipziger Volkszeitung (2018),**

https://www.wiso-net.de/dosearch/%3A3%3AALLEQUELLEN-155_%3A3%3APRESSE?
searchlater=t#LVZ__doc70gezm7w83b1076m13dr
(Stand: 20.08.2018)

**Statista (2018a),**

https://de.statista.com/statistik/daten/studie/226517/umfrage/fairtrade-umsatz-in-deutschland/
(Stand: 09.08.2018)

**Statista (2018b),**

https://de.statista.com/statistik/daten/studie/870801/umfrage/grad-der-urbanisierung-in-den-weltre
gionen/
(Stand: 10.08.2018)

**Statista (2018c),**

https://de.statista.com/statistik/daten/studie/198959/umfrage/anzahl-der-smartphonenutzer-in
-deutschland-seit-2010/
(Stand: 13.08.2018)


**Statista (2018d),**

https://de.statista.com/infografik/4731/eu-arbeitskostenvergleich/
(Stand: 20.08.2018)


**Statista (2018e),**

https://de.statista.com/statistik/daten/studie/790/umfrage/assoziationen-zum-thema-globalisierung
---benachteiligung/
(Stand: 20.08.2018)


**Tagesspiegel (2018),**

https://www.tagesspiegel.de/wirtschaft/zu-viel-plastikmuell-eu-will-strohhalme-verbieten-was-
steckt-hinter-dem-plastikverbot/22609046.html
(Stand: 09.08.2018)


**Welt (2015),**

https://www.welt.de/wirtschaft/article146066014/Deutschland-wird-zu-einer-einzigen-grossen-
Stadt.html
(Stand: 13.08.2018)


**Zukunftsinstitut GmbH(o.A.),**

https://www.zukunftsinstitut.de/dossier/megatrends/
(Stand: 01.08.2018)

# BEI GRIN MACHT SICH IHR WISSEN BEZAHLT

- Wir veröffentlichen Ihre Hausarbeit,
  Bachelor- und Masterarbeit

- Ihr eigenes eBook und Buch -
  weltweit in allen wichtigen Shops

- Verdienen Sie an jedem Verkauf

Jetzt bei www.GRIN.com hochladen
und kostenlos publizieren